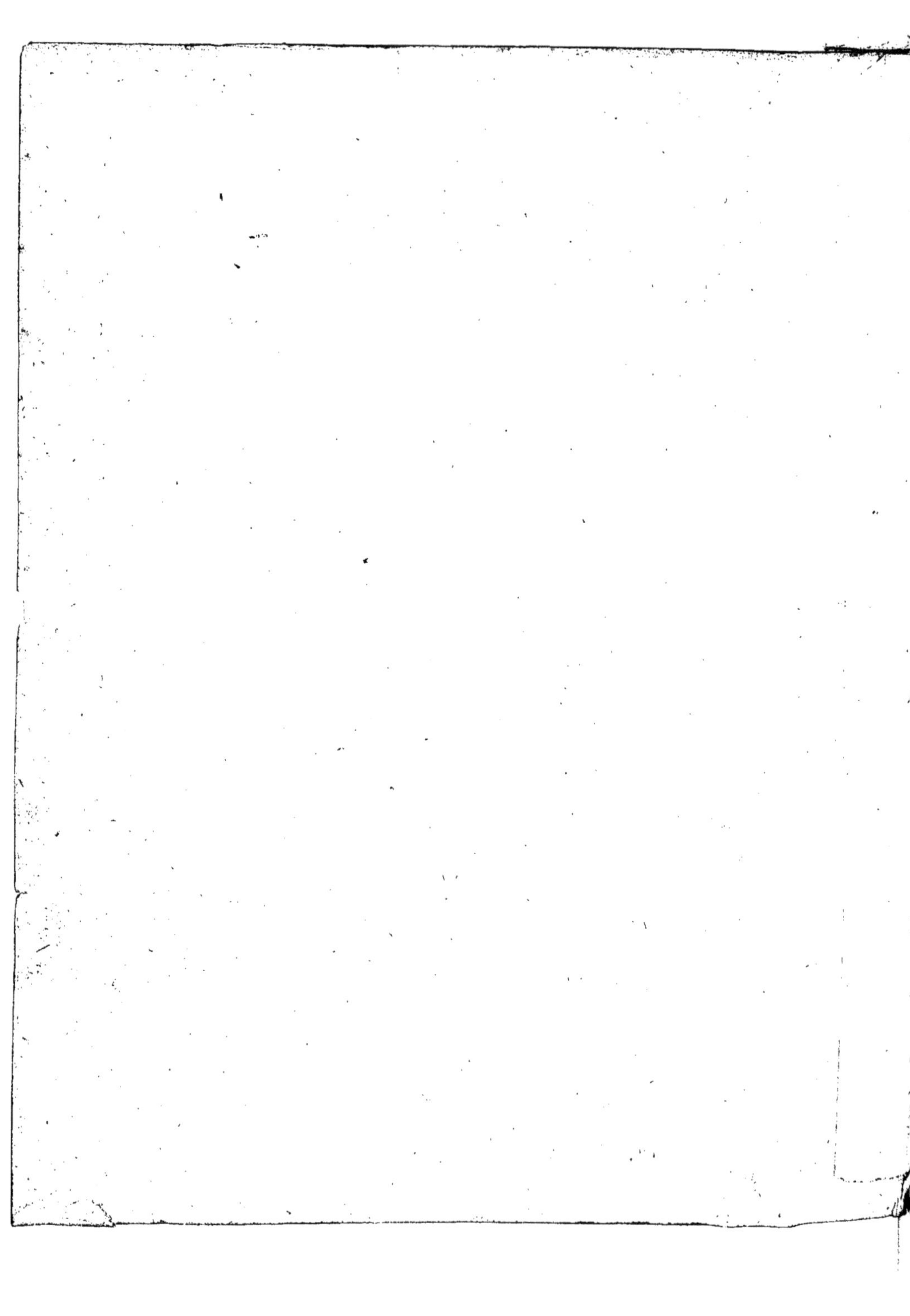

METHODE

DE

MUSIQUE,

Par M. BUTERNE,
Ecuïer.

Oeuvre troisiéme.

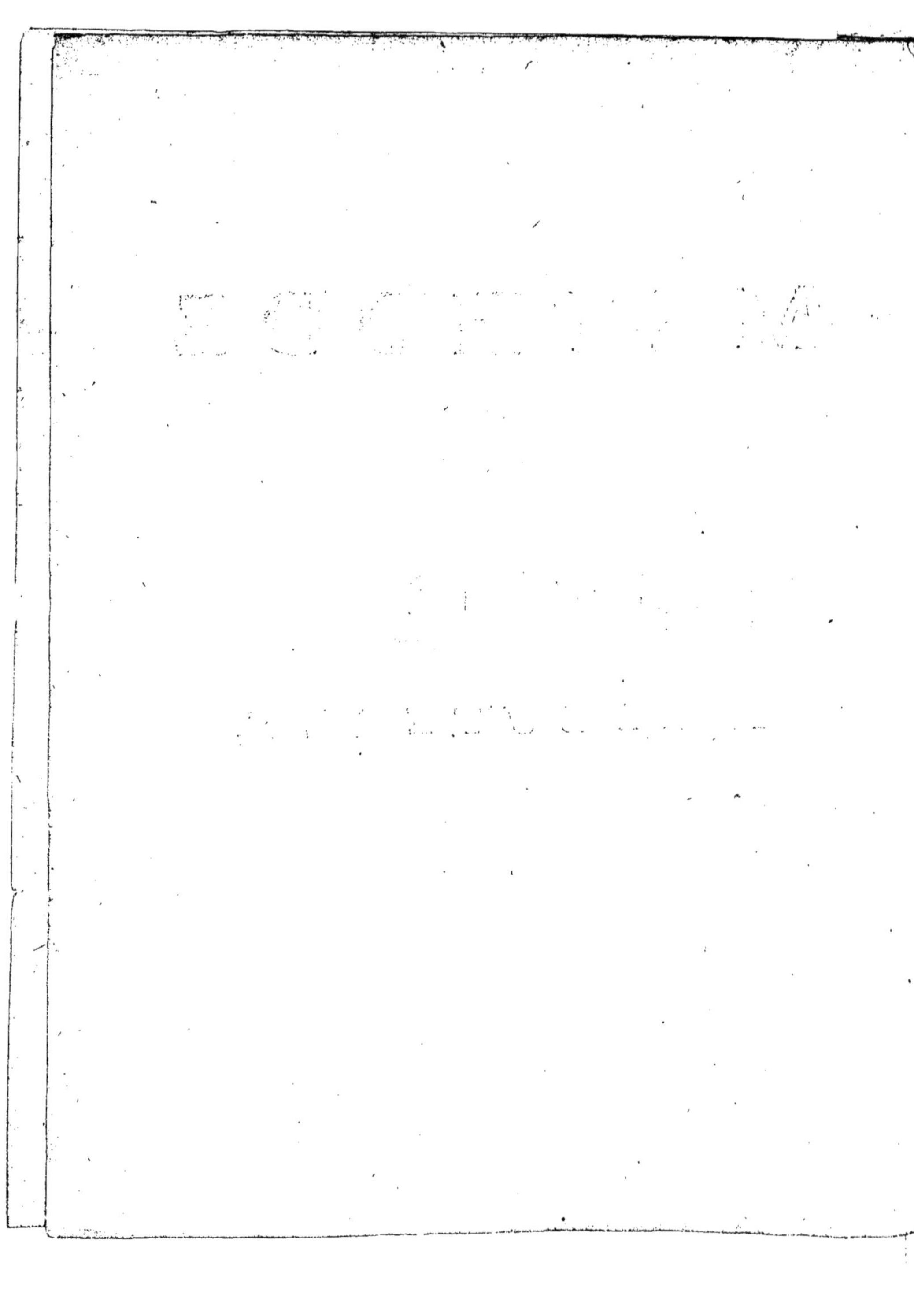

MÉTHODE
POUR APRENDRE
LA MUSIQUE
VOCALE ET INSTRUMENTALE.

Dédiée à Madame * * * *

Par Mr BUTERNE, Ecuïer.

Prix 1 liv. 16 f.

A S. YON,

Chez { L'Auteur.

A ROUEN,
BESONGNE, Libraire, Correfpondant de la Bibliothéque du Roy, Cour du Palais.

A PARIS,
Aux Adreffes ordinaires.

1 7 5 2.

Avec Privilége du Roy.

Bien des circonstances se sont réünies pour alterer la tranquilité de ma vie; mais je cesse de m'en plaindre, puisque les Arts peuvent m'en dédommager.

La Musique qui fait les délices de tant d'honnêtes Gens, n'a jusqu'à présent qu'amusé mes loisirs, elle va faire aujourd'hui mes ocupations. Les amusemens laissent toûjours quelque vuide; la vie ocupée, au contraire, paroît souvent trop courte; Eh! quoi de plus doux, que de ne pas connoître l'ennui!

Tous les Hommes tendent au bonheur; & je suis un peu plus homme que bien d'autres: une ocupation qui me plaît, doit rendre tous mes momens agréables; ils seront heureux, si je réüssis.

A

A MADAME

✱ ✱ ✱ ✱

*ADAME*,

Qu'on parcoure l'Histoire dépuis son origine, jusqu'à present, aucun Monarque n'a été révéré comme LOUIS XV.

Ses Ordres, MADAME, *m'ont procuré*

A

l'honneur de vous connoître : Mon talent vous a donné l'idée de vous en amufer, il vous a plû, mon fort pouvoit-il être plus heureux ?

Permettez-moi, *MADAME*, de dire à un Epoux, auffi digne de vous que vous l'êtes de lui, que je fuis de l'un & de l'autre avec refpect,

MADAME,

Le très-humble & très-obéïffant
Serviteur, BUTERNE.

INTRODUCTION.

A Mufique eft la fcience des Sons & l'art de plaire à l'oreille.

Raifonner fur cet art charmant, c'eft en fçavoir la *Théorie* ; fraper méthodique-ment l'oreille par des Sons mélodieux , c'eft en poffé-der la *Pratique* : j'entends de la Mufique vocale com-me de la Mufique inftrumentale.

Une Perfonne feule ou plufieurs, donnant les mê-mes Sons, peuvent faire une Mufique agréable : Une Perfonne , deux ou plufieurs donnans des Sons difé-rens (ce qui s'apelle faire chacun fa Partie) peuvent faire une plus agréable Mufique & plus harmonieufe ; mais ces diférentes façons de faire de la Mufique, com-me l'exécuter en chantant, *Mufique vocale* , ou avec des Inftrumens , *Mufique inftrumentale* , tout cela n'a pour objet que le plaifir de l'oüie , la multiplication; & la divifion des Sons pour méchanique. *Buterne*

Tout ce qui frape l'oreille s'apelle Son ; mais sept Sons principaux sont la base de la Musique.

Pour faire de cet art charmant, une Science facile à transmettre à la postérité, on a désigné les Sons par diférens caractéres, ausquels on a donné plus ou moins de legéreté, plus ou moins de gravité.

On en a rendu aisée la multiplication, en posant ces caractéres sur certain nombre de lignes, & sur l'entre-deux de ces lignes : on est enfin parvenu à en faire connoître l'ordre par le moïen des Clefs.

Par celui des Dièses & des B mols, on en a trouvé la division ; & leur subdivision s'est faite par le B carre.

D'autres caractéres ont servi à désigner certains silences plus ou moins grands, selon le besoin que l'on peut en avoir.

Sans le secours de la Mesure, cela ne produiroit qu'un Plein-chant & souvent un cruel Charivari ; j'en ai souvent la preuve.

La Mesure est essentielle, & sans elle on ne pouroit pas juger de cette Concordance inimitable, qui fait tant d'honneur à nôtre Siécle.

Tout a été désigné par des chifres Arabes.

PRINCIPES

PRINCIPES DE MUSIQUE.

La ſuite des ſept Sons principaux avec l'*Ut* d'enhaut qui eſt replique de celui d'enbas, forme ce qu'on apelle *Gamme*.

G A M M E.

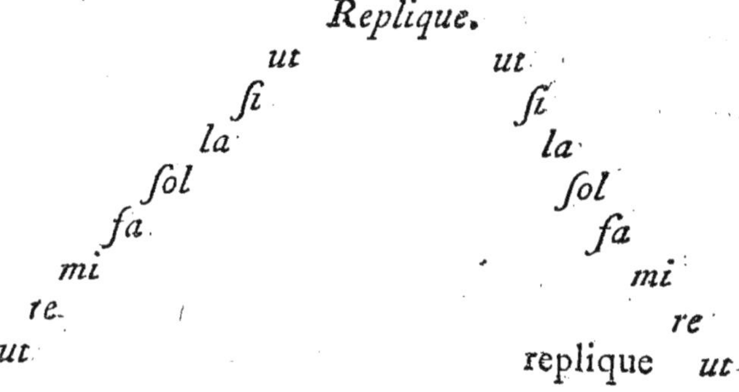

Les caractéres qui déſignent les Sons & que l'on apelle figures de Notes, ſont au nombre de ſix ; ſçavoir, la *Ronde*, la *Blanche*, la *Noire*, la *Croche*, la *Double-Croche*, la *Triple-Croche*, &c. *Figure 1.*

La *Ronde* eſt une figure de Note, qui exprime le plus de gravité; elle vaut autant, elle ſeule, que deux Blanches ou quatre Noires, ou huit Croches, ou ſeize Doubles-Croches, ou trente-deux Triples-Croches.

La *Blanche* vaut deux Noires ou quatre Croches, ou huit Doubles-Croches, ou ſeize Triples-Croches.

La *Noire* vaut ou deux Croches, ou quatre Doubles-Croches, ou huit Triples-Croches.

La *Croche* vaut ou deux Doubles ou quatre Triples-Croches.

B

La *Double-Croche* vaut ou deux Triples ou quatre Quadruples Croches.

Les *Lignes* fur lefquelles on pofe les figures des Notes, font pour l'ordinaire au nombre de cinq: nombre cependant qu'on peut augmenter tant en haut qu'en bas : l'entre-deux de ces Lignes s'apelle Efpace. *Figure* 2.

Les *Clefs*, par le moïen defquelles on connoît l'ordre & la fuite des Sons, font au nombre de trois; fçavoir, la Clef de *C fol ut*, Fig. 3. la Clef de *G re fol*, Fig. 4. & celle *D f ut fa*. Fig. 5.

La Clef de *C fol ut* fe peut pofer indiféremment fur l'une des quatre premiéres lignes : elle donne le nom d'*ut* à la Note pofée fur la Ligne qui la traverfe. *Figure* 3.

La Clef de *G re fol* fe pofe fur la premiére ou la feconde Ligne : elle fait apeller *fol* toutes les Notes pofées fur la Ligne qui la traverfe. *Figure* 4.

La Clef d'*f ut fa* fe pofe fur la troifiéme ou quatriéme Ligne : elle donne le nom de *fa* aux Notes fur la Ligne, qui paffe au milieu des deux points qui la fuivent. *Figure* 5.

Les Caractéres avec lefquels on fait la divifion des Sons, font le Dièfe & le B mol.

J'ai dit précédemment que la Gamme étoit compofée de fept Tons principaux : j'ajoûte maintenant que ces fept Tons principaux, forment avec l'*ut* replique, cinq Tons & deux Semi-Tons, de quelque fens qu'on les prenne, foit en defcendant foit en montant.

Pour bien comprendre ceci, la Pratique eft plus néceffaire que la Théorie.

On entend par Ton , Semi-Ton majeur , Semi-Ton mineur , la diftance plus ou moins grande d'un Ton à un autre , par progreffion Diatonique.

La moindre diftance fait le Semi-Ton mineur : la moïenne fait le Semi-Ton majeur : la plus grande fait le Ton.

Le Semi-Ton mineur eft toûjours d'un Son à un autre fur le même degré ; mais acru ou diminué par le Dièfe ou le B mol.

Le Dièfe fert généralement à faire élever la Note qu'il précéde d'un Semi-Ton.

Le B mol avertit de baiffer la Note qu'il afecte, d'un Semi-Ton.

Exemple des Semi-Tons mineurs. Figure 6.

Le Semi-Ton majeur eft toûjours de diftance Diatonique , ou d'un premier Son à fon fuivant, fans Notes intermédiaires.

Exemple des Semi-Tons majeurs. Figure 7.

Le Ton eft la plus grande diftance qui peut fe trouver entre-deux Sons de progreffion Diatonique , & n'aïant qu'une Note intermédiaire.

Exemple des Tons. Figure 8.

On trouve dans la Gamme cinq Tons & deux Semi-Tons.

Tons & Semi-Tons de la Gamme. Figure 9.

Une diſtance Diatonique, eſt celle qui d'une Note porte à la plus prochaine, ſans interméde, comme de l'*ut* au *re*; & non de l'*ut* au *mi*, parce que le Son intermédiaire eſt *re*, &c.

Par le ſecours du Dièſe & du B mol, on ajoûte cinq autres Sons aux ſept premiers, leſquels tous enſembles raportent douze Semi-Tons, tant majeurs que mineurs.

Diviſion des Sons ou les douze Semi-Tons. Figure 10.

De ces Diviſions naiſſent les intervales, qui prennent leur nom de la quantité de Sons qu'elles embraſſent.

L'Uni-Son eſt un Son ſemblable en tout point; quant au Son a un pareil que l'on a entendu, que l'on entend ou que l'on entendra. *Figures 11. & 12.*

Ces Intervales principaux ſe diviſent encore en telle ou telle quantité; mais en donner ici le précis, ſeroit changer la mémoire de choſes aſſez inutiles. Il eſt cependant néceſſaire de ſçavoir que de la façon dont eſt conçû cette Diviſion, par un Compoſiteur, naît le Ton ou le Mode.

Ton ou Mode, en ce ſens, eſt la maniére dont eſt fait un *Recitatif*, une *Ariette*, une *Chanſon*, &c.

Or, un *Recitatif*, une *Ariette*, une *Chanſon*, &c. ſont d'un Ton majeur ou mineur.

Ils ſeront d'un Ton majeur, ſi de la Note finale ou qui les termine à une troiſiéme en montant, il ſe trouve deux Tons pleins, leſquels ſont une Tierce-majeur.

La

La Tierce majeur conftituë le Ton majeur.

Ils feront d'un Ton mineur, fi de la Note finale à une troifiéme en montant, il n'y à qu'un Ton & un Semi-Ton, ce qui fait une Tierce-mineur.

La Tierce-mineur conftituë le Ton mineur, & on eft en état de juger du Ton de ces Piéces ; alors on peut dire cet Air eft en C *fol ut*, *&c.* Tierce-majeur ou Tierce-mineur.

Prendre fon Ton, fignifie mefurer la portée ou l'étenduë de fa voix pour le Morceau qu'on va chanter ; dans ce cas la plus haute Note (quand on chante feul) doit fervir de régle, & l'aïant mife à l'Uni-fon de ce que l'on a de plus haut dans la voix, on defcend jufqu'à la premiére Note du Morceau, & l'on commence à l'Uni-fon de cette même Note.

Il n'en eft pas de même quand on fait fa partie avec d'autres : alors les Inftrumens font réfonner les Sons principaux du Ton de la Mufique qui va être exécutée. Ces Tons principaux font celui de la Finale, de fa Tierce, de fa Quinte & de fon Octave : comme il eft impoffible de ne pas commencer par l'un des quatre, chacun prend celui qui lui convient.

Après avoir fufifamment parlé des Tons, Modes, Divifions, ocafionnez par les Dièfes & les B mols, il eft à propos de remarquer que l'on diftingue de deux fortes de B mols & de Dièfes ; Sçavoir,

Le B mol accidentel & celui de tranfpofition.

Le Dièfe accidentel & celui de tranfpofition.

Le Dièfe accidentel peut afecter toutes fortes de Notes dans la fuite d'un Chant, & il les hauffera d'un Semi-Ton.

Le Dièfe de tranfpofition n'afecte ordinairement

que cinq Notes, qui font, *fa, ut, fol, re, la* : il fe place immédiatement après la Clef, fur les degrez des Notes qu'il afecte.

Il fait nommer la Note afectée, *Si*.

Nota. Des cinq Notes que le Dièfe de tranfpofition peut afecter, c'eft toûjours la derniére que l'on nomme *Si*.

Le B mol accidentel peut afecter toutes fortes de Notes : il les baiffe d'un Semi-Ton.

Le B mol de tranfpofition ne peut afecter que cinq Notes : *fi, mi, la, re, fol*, il fe place immédiatement après la Clef fur les degrez des Notes qu'il afecte, & la fait apeller *Fa*.

Nota. Jamais le dernier B mol ni le dernier Dièfe ne fe trouve fans les quatre précédens.

La fubdivifion fe fait par le moïen du B carre : Ce caractére avertit de remettre au Ton naturel toutes les Notes auparavant afectées de Dièfes ou de B mols.

Les Caractéres qui défignent le repos ou filence dans la Mufique & qui font l'éfet du point ou de la virgule chez l'Orateur, font. *Figure 13.*

La Mefure, ce mouvement réglé & fi dificile à aquérir, fe divife en deux, trois ou quatre parties pour l'ordinaire : chaque partie de la Mefure fait un tems.

Pratiquer cette divifion, la marquer de la main, du pied, &c. c'eft obferver, c'eft battre la Mefure.

Les Caractéres qui marquent la division de la Mesure, se placent immédiatement après la Clef ou après les Dièses ou B mols de transposition.

La Mesure à deux tems se désigne par un 2.

L'espace de tems que l'on est à battre cette Mesure, doit être remplie d'une Ronde ou de deux Blanches ou de quatre Noires, ou de huit Croches ou de seize doubles Croches.

Dans cette Mesure on passe les Croches & les doubles Croches, &c.

Passer ou pointer les doubles Croches, &c. signifie que la première de ces Notes doit être plus longue que la seconde : la troisiéme plus longue que la quatriéme, &c.

Deux Caractéres diférens servent à acroître la valeur des figures de Note dans la Mesure, le Point (.) & la Liaison ◯.

Le Point en général sert à prolonger la Note qui le précéde de la moitié de sa valeur ; par conséquent le Point après une Ronde prolongera cette Ronde de la valeur d'une Blanche, parce que la Blanche est moitié de la Ronde.

Le Point après une Blanche la prolongera d'une Noire, &c.

Le Point peut ocasionner la Sincope de même que la Liaison.

La Liaison ⌒ avertit en général de ne faire qu'une Note de deux qui se trouvent sur un même degré ; c'est-à-dire, de passer toutes les deux sous un même nom : mais d'en garder la valeur marquée, cela souvent produit la Sincope.

Elle avertit aussi que de deux Notes sur degrez di-

férens, on ne doit prononcer que le nom de la derniére, & les paſſer toutes les deux d'un même tour de
goſier ou de doigt.

La Sincope eſt une Note qui fait partie d'un tems
foible, puis d'un tems fort ; cette Note acruë par le
Point ou la Liaiſon, peut tenir toute la valeur d'un
tems foible & d'un tems fort, ou d'un des deux ſeule-
ment & la moitié de l'autre.

Dans toutes les diviſions des Meſures, on diſtingue
le tems fort & le tems foible.

Le tems fort eſt celui par lequel on peut terminer un
Chant, ce qui ne ſe peut faire ſur le tems foible ;
l'oreille ne ſeroit pas contente ; elle deſireroit encore
quelque choſe.

Dans la Meſure à deux tems, le tems fort eſt le
fraper, ou le premier tems : le tems foible, eſt le le-
ver ou le ſecond tems, &c.

Dans la Meſure à trois tems : le premier, eſt tems
fort : le ſecond, eſt tems foible, de même que le
troiſiéme.

Dans la Meſure à quatre tems ; le premier, eſt tems
fort ; le ſecond, tems foible ; le troiſiéme, tems fort ;
le quatriéme, tems foible, &c.

La Meſure à trois tems ſe déſigne par un 3.

On remplit l'eſpace de tems, qu'il faut pour battre cette Meſure d'une Blanche pointée ou acompa-
gnée d'une Noire, ou de trois Noires, ou de ſix Croches, ou de douze doubles Croches.

Dans cette Meſure on paſſe les Croches.

La Meſure à quatre tems ſe déſigne par un C ou
par un 4.

On remplit la valeur de cette Meſure avec une
Ronde,

Ronde, ou deux Blanches ou quatre Noires, ou huit Croches ou feize doubles Croches, ou trente-deux triples Croches.

Dans cette Mefure on ne paffe que les doubles, les triples Croches, &c.

On défigne la lenteur ou gravité de la Mefure à deux tems, ou la legéreté & la viteffe de la Mefure à quatre tems, par un C baré.

Outre ces trois fortes de Mefures, on en connoît d'autres encore, telles que la Mefure à deux tems inégaux : la Mefure a quatre tems inégaux.

D'ailleurs, la maniére de défigner une Mefure n'eft pas toûjours un 2. pour la Mefure à deux tems, ni un 3. pour la Mefure à trois tems, &c. ce font des fignes fimples de Mefures fimples : Mais il eft auffi des fignes de Mefures, compofées de deux chifres au-deffus l'un de l'autre.

Comme $\frac{3}{2}$, $\frac{6}{4}$, $\frac{9}{8}$, $\frac{12}{8}$, & tant d'autres.

Il fufit de fçavoir que le chifre d'enhaut défigne toûjours deux chofes : la qualité de la Mefure & la quantité fixe de certaines Notes qui doivent remplir la valeur de cette Mefure, & que celui d'enbas ne marque jamais que la qualité de ces mêmes Notes ; c'eft-à-dire, fi ce font des Rondes ou des Blanches, &c.

Pour rendre clair ceci par un exemple.

Dans la Mefure compofée $\frac{6}{8}$, le fix marque la Mefure à deux tems, il marque encore qu'il faut fix Notes pour remplir la valeur de cette Mefure. Le huit défigne feulement que ces fix Notes feront fix Croches.

Le chifre d'enhaut, quant à la Mefure, défigne la Mefure à deux tems, quand il eft de nombre pair depuis 2, 4, jufqu'à 6.

D

Il désigne la Mesure à trois tems, quand il est de nombre impair, comme 3, 9, &c.

Il désigne la Mesure à quatre tems, quand il est de nombre pair, comme 8, 12, 16, &c.

Quant aux Notes qui doivent remplir la Mesure, il en désigne autant qu'il marque de nombre ; mais sans rien marquer de positif, ni si ces Notes sont Noires, Blanches, &c.

Le chifre d'en bas en général désigne que les Notes qui rempliront la Mesure, seront Rondes s'il marque I.

Si c'est un 2. les Notes seront Blanches.

Si c'est un 4. elles seront Noires ; si c'est un 8. elles seront Croches ; & doubles Croches si c'est un 16. &c.

Lorsque dans ces Mesures composées, les Rondes font la fonction de Blanche, ou les Blanches de Noires ; c'est-à-dire, quand elles ne valent qu'un tems. La Mesure doit être très-lente.

Quand toutes les figures de Notes font leur fonction naturelle, comme dans les Mesures simples, alors la Mesure ne doit être ni trop legére ni trop lente ; mais modérée.

Quand, au contraire, les Croches font la fonction de Noires ; les Noires celles de Blanches, alors le mouvement doit être vif & leger.

Voici tout ce qui regarde fonciérement la Musique : Il est essentiel de ne pas ignorer ces sortes de choses avant d'ateindre à cette perfection de l'Art, que l'on apelle le Goût.

Il faut sçavoir ce que c'est que Cadence, Tremblement, Coulé, Port-de-voix ou Porte-voix.

Cadencer ou trembler en général, c'est balancer alternativement deux Sons de progreſſion Diatonique ſous un même nom.

Le Caractére qui déſigne le tremblement eſt toûjours marqué devant ou au-deſſus de la Note qui marque le Son inférieur de la Cadence, & ſous le nom de laquelle ſe doit faire cette Cadence.

On diſtingue de trois ſortes de Cadences.

La Cadence briſée ⌒. La Cadence apuïée ou Finale ⌒⌒, & la Cadence ſubite +.

La Cadence briſée eſt celle dont le Son ſupérieur ou d'apui doit emporter preſque toute la valeur, & le tremblement paſſer comme un agrément ; c'eſt-à-dire, avec une grande legéreté.

La Cadence apuïée eſt celle dont le Son ſupérieur ou l'apui doit être d'égale valeur que le tremblement.

La Cadence ſubite eſt celle dont le tremblement doit commencer avec la Note qui l'ocaſionne.

Coulé eſt une petite Note qui n'entre point dans la valeur de la Meſure, & qui ſe fait en deſcendant ſous le nom de la Note qui la ſuit.

Port-de-voix ou Porte-voix eſt une petite Note qui n'entre pas non plus dans la valeur de la Meſure : il ſe fait en montant, ſous le nom de la Note qui la ſuit.

Souvent le Port-de-voix eſt ſuivi d'un Pincé qui eſt un tremblement extrêmement leger, qui ſe fait en montrans.

Je n'entreprendrai point de donner des régles de Goût, il change avec le ſiécle ; & d'ailleurs, eſt de ces choſes qui ſe font mieux qu'elles ne s'expriment.

F I N.

PRIVILEGE GE'NERAL.

LOUIS par la grace de Dieu , Roy de France & de Navarre : A nos amez & féaux Conseillers les Gens tenans nos Cours de Parlement , Maître des Requêtes ordinaires de nôtre Hôtel , Grand Conseil , Prevôt de Paris , Baillifs , Senéchaux , leurs Lieutenans Civils & autres nos Justiciers qu'il apartiendra , SALUT. Nôtre bien-amé CHARLES BUTERNE , *Écuïer* , fils de nôtre bien-amé JEAN-BAPTISTE BUTERNE , *Ecuïer , ancien Capitoul de Toulouse , l'un des quatre Organistes de nôtre Chapelle , Maître de Clavecin de nôtre très-honorée Mere , Duchesse de Bourgogne , & de plusieurs Princesses de nôtre Sang ,* Noüs a fait exposer qu'il desireroit donner au Public des *Sonates , Duo , Trio , Concerto , & autres Piéces de Musique instrumentale de sa composition ,* s'il Nous plaisoit lui acorder nos Lettres de Privilége sur ce nécessaires : A CES CAUSES , voulant favorablement traiter ledit Exposant & favoriser autant qu'il sera en Nous le degré de perfection qu'il a aquis par son travail & ses lumiéres à l'Instrument de la Vielle , dont il Nous reste une entiére satisfaction ; desirant récompenser ses talens & lui donner des marques de nôtre bienveillance , Nous lui avons permis & permettons par ces Presentes , de faire imprimer & graver lesdites Piéces de Musique , conjointement ou séparément , en telle forme & autant de fois que bon lui semblera , de les vendre , faire vendre & debiter par-tout nôtre Roïaume,

me,

pendant le tems de *Quinze années* confécutives , à com-
pter du jour de la date des Prefentes : Faifons défenfes
à tous Imprimeûrs, Graveurs & autres Perfonnes de quelque qualité qu'elles foient , d'en introduire Impreffion
ou Gravure étrangére , dans aucun lieu de nôtre obéïffan-
ce ; comme auffi de graver , imprimer , faire graver ou
imprimer , & vendre ou debiter lefdites Piéces , ou d'en
faire aucun Extrait , fous quelque prétexte que ce foit ,
d'augmentation , correction , changement ou autre ,
fans la Permiffion expreffe & par écrit dudit Expofant
ou de ceux qui auront droit de lui , à peine de confif-
cation des Exemplaires conrrefaits , de *Trois mille li-
vres* d'amende contre chacun des Contrevenans , dont
un tiers à Nous, un tiers à l'Hôtel-Dieu de Paris , &
l'autre tiers audit Expofant ou à celui qui aura droit
de lui , & de tous dépens , dommages & intérêts ; à la
charge que ces Prefentes feront enregiftrées tout au
long fur le Regiftre de la Communauté des Libraires
& Imprimeurs de Paris , dans trois mois de la date
d'icelle ; que l'impreffion ou gravure defdites Piéces fera faite dans nôtre Roïaume & non ailleurs , que l'impreffion fe conformera en tout au Réglement de la Li-
brairie ; & qu'avant que de les expofer en vente , les
Manufcrits ou Imprimez qui auront fervi de Copie à
l'impreffion ou gravure defdites Piéces , feront remis
entre les mains de nôtre très-cher & féal Chevalier le
Sieur Dagueffeau , Chancelier de France, Commandeur
de nos Ordres ; & qu'il en fera enfuite remis deux Exemplaires de chacun dans nôtre Bibliotéque , un dans celle de nôtre Château du Louvre , & un dans celle de
nôtre très-cher & féal Chevalier le Sieur Dagueffeau ,
Chancelier de France ; le tout , à peine de nullité des

E

Prefentes ; du contenu defquelles vous mandons & en-
joignons de faire joüir ledit Expofant & fes Aïans
caufes, pleinement & paifiblement, fans foufrir qu'il
leur foit fait aucun trouble ni empêchement : Voulons
que la Copie des Prefentes, qui fera imprimée tout au
long au commencement ou à la fin defdites Piéces,
foit tenuë pour dûëment fignifiée ; & qu'aux Copies
collationnées par l'un de nos amez féaux Confeillers
& Secrétaires, foi foit ajoûtée comme à l'Original :
Commandons au premier nôtre Huiffier ou Sergent
fur ce requis, de faire pour l'exécution d'icelles, tous
Actes requis & néceffaires, fans demander autre Permiffion, & nonobftant Clameur de Haro, Charte
Normande & Lettres à ce contraires : C A R tel eft
nôtre plaifir. Donné à Paris le dixiéme jour du mois
de Décembre, l'an de grace mil fept cens quarante-
cinq ; & de nôtre Régne le trente - uniéme : Par le
Roy en fon Confeil. Signé, S A I N S O N.

*Regiftré fur le Regiftre onze de la Chambre Roïale
& Sindicale des Libraires & Imprimeurs de Paris, N°.
514. Fol. 448. conformément au Réglement de 1723.
A Paris ce 14. Décembre 1745.*

Signé, VINCENT, Sindic.

Les Exemplaires ont été fournis.

*Permis d'imprimer & diftribuer. A Roüen, ce 7.
Janvier 1752. Signé, VARNIER.*

A ROUEN, Chez J E A N-B. B E S O N G N E, Imprimeur
ordinaire du Roy.

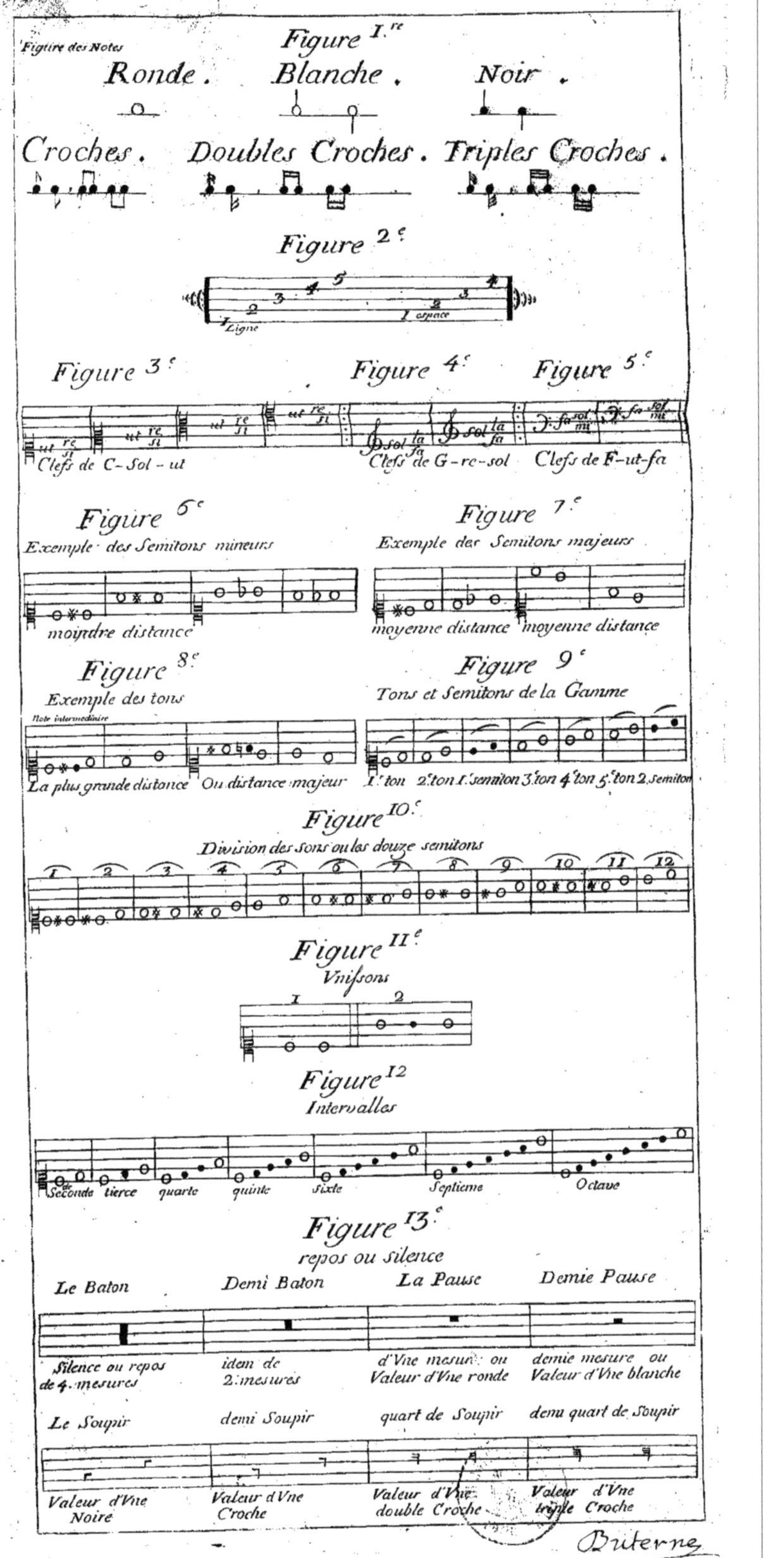

Figure des Notes
Figure I.re
Ronde.   Blanche.   Noir.
Croches.   Doubles Croches.   Triples Croches.
Figure 2.e
2 3 4 5
Ligne   espace
Figure 3.e   Figure 4.e   Figure 5.e
ut re si   ut re si   ut re si
ut re si
Clefs de C-Sol-ut   Clefs de G-re-sol   Clefs de F-ut-fa
Figure 6.e   Figure 7.e
Exemple des Semitons mineurs   Exemple des Semitons majeurs
moindre distance   moyenne distance   moyenne distance
Figure 8.e   Figure 9.e
Exemple des tons   Tons et Semitons de la Gamme
Note intermediaire
La plus grande distance   Ou distance majeur   1.er ton 2.e ton 1.er semiton 3.e ton 4.e ton 5.e ton 2.e semiton
Figure 10.e
Division des sons ou les douze semitons
1 2 3 4 5 6 7 8 9 10 11 12
Figure 11.e
Vnissons
1   2
Figure 12
Intervalles
Seconde tierce quarte quinte sixte Septieme Octave
Figure 13.e
repos ou silence
Le Baton   Demi Baton   La Pause   Demie Pause
Silence ou repos   idem de   d'Vne mesure ou   demie mesure ou
de 4. mesures   2. mesures   Valeur d'Vne ronde   Valeur d'Vne blanche
Le Soupir   demi Soupir   quart de Soupir   demi quart de Soupir
Valeur d'Vne   Valeur d'Vne   Valeur d'Vne   Valeur d'Vne
Noire   Croche   double Croche   triple Croche
Buterne